Descubramos
# GRAN BRETAÑA

Jillian Powell

**Gareth Stevens**
Publishing

Please visit our web site at: www.garethstevens.com
For a free color catalog describing Gareth Stevens Publishing's list
of high-quality books, call 1-800-542-2595 (USA) or 1-800-387-3178 (Canada).

Library of Congress Cataloging-in-Publication Data available upon request from publisher.

ISBN-978-0-8368-8184-4 (lib. bdg.)
ISBN-978-0-8368-8191-2 (softcover)

This North American edition first published in 2008 by
**Gareth Stevens Publishing**
A Weekly Reader® Company
1 Reader's Digest Road
Pleasantville, NY 10570-7000  USA

This U.S. edition copyright © 2008 by Gareth Stevens, Inc.
Original edition copyright © 2006 by Franklin Watts.
First published in Great Britain in 2006 by Franklin Watts,
338 Euston Road, London NW1 3BH, United Kingdom

Series editor:  Sarah Peutrill
Art director:  Jonathan Hair
Design:  Storeybooks Ltd.
Photo research:  Diana Morris

Spanish Edition produced by A+ Media, Inc.
Editorial Director:  Julio Abreu
Chief Translator:  Adriana Rosado-Bonewitz
Associate Editors:  Janina Morgan, Bernardo Rivera, Rosario Ortiz, Carolyn Schildgen
Graphic Design:  Faith Weeks

Gareth Stevens managing editor:  Valerie J. Weber
Gareth Stevens editors:  Gini Holland and Dorothy L. Gibbs
Gareth Stevens art direction:  Tammy West
Gareth Stevens graphic designer:  Dave Kowalski

Photo credits: (t=top, b=bottom, l=left, r=right, c=center)
Sheila Attar/Cordaiy Photo. Library/Corbis: 18. Eleanor Bentall/Corbis: 21b. Martin Bond/Photofusion: 12,19t. Bryn Colton/Assignments
Photographers/Corbis: 20. Ashley Cooper/Corbis: 10, 17, 21t. Joe Cornish/National Trust Picture Library: 7b. Peter Dench/Corbis: 9t.
Adrian Don/Photographers Direct: 16. Robert Estall/Corbis: 9b. Malcolm Fife/zefa/Corbis: 19b. Paul Hardy/Corbis: cover, 27.
The Hoberman Collection/Alamy: 23b. Dewitt Jones/Corbis: 11. Gareth Wyn-Jones/Photofusion: 22. Ray Juno/Corbis: 6.
Gary Lee/UPPA/Topfoto: 25t. Tim MacMillan/Garden Picture Library/Alamy: 25b. Christine Osborne/Corbis: 13.
Robert Paterson/Reuters/Corbis: 24. Derry Robinson/National Trust Picture Library: 7t. Christa Stadtler/Photofusion: 23t.
Superbild/A1 Pix: 26b. Sandro Vianni/Corbis: 4b. Patrick Ward/Corbis: 8. Josh Westrick/zefa/Corbis: 26t. Adam Woolfitt/Corbis: 14,
title page, 15.

Printed in the United States of America

1 2 3 4 5 6 7 8 9 11 10 09 08 07

# Contenido

Las palabras definidas en el glosario están impresas en **negritas** la primera vez que aparecen en el texto.

# ¿Dónde está Gran Bretaña?

Gran Bretaña es una isla compuesta de 3 países: Inglaterra, Escocia y Gales. Está en Europa occidental.

Londres es la capital de Inglaterra y del Reino Unido. Edimburgo es la capital de Escocia y Cardiff es la capital de Gales. Gran Bretaña tiene muchos edificios históricos, incluyendo hermosas casas, castillos y catedrales.

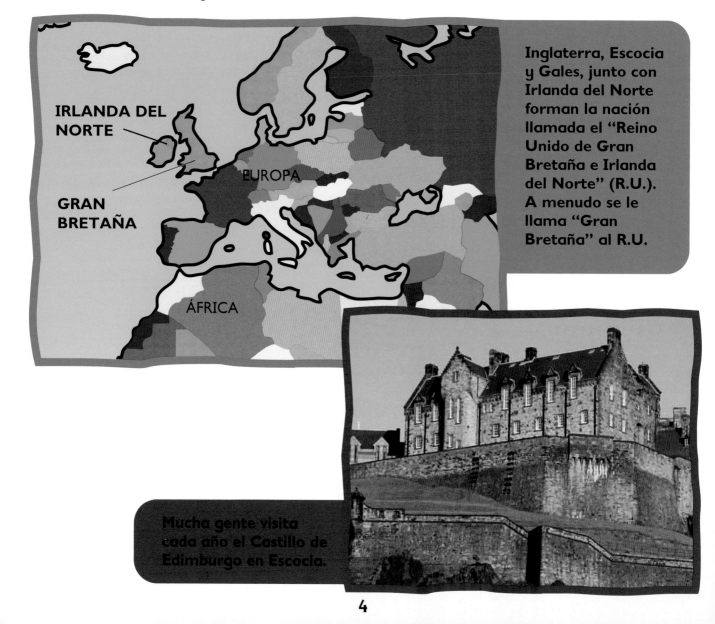

**IRLANDA DEL NORTE**

**GRAN BRETAÑA**

EUROPA

ÁFRICA

Inglaterra, Escocia y Gales, junto con Irlanda del Norte forman la nación llamada el "Reino Unido de Gran Bretaña e Irlanda del Norte" (R.U.). A menudo se le llama "Gran Bretaña" al R.U.

Mucha gente visita cada año el Castillo de Edimburgo en Escocia.

Gran Bretaña tiene costas a lo largo del océano Atlántico en el oeste y del mar del Norte al este. El mar de Irlanda se encuentra entre Irlanda y Gran Bretaña. El canal de la Mancha está entre Francia y Gran Bretaña.

**¿Lo sabías?**

El Eurotúnel, bajo el canal de la Mancha, une a Gran Bretaña con Francia.

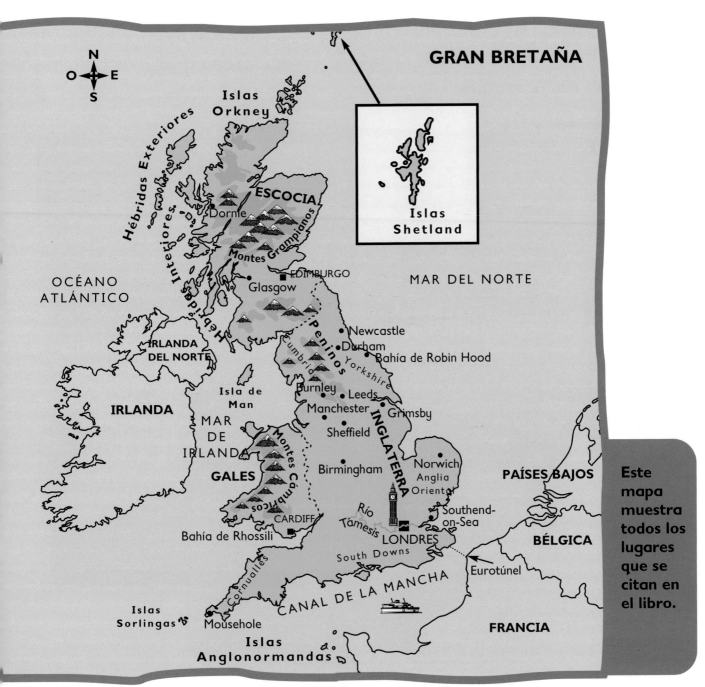

**GRAN BRETAÑA**

Islas Orkney

Hébridas Exteriores

Hébridas Interiores

ESCOCIA

Dornie

Montes Grampianos

Islas Shetland

OCÉANO ATLÁNTICO

EDIMBURGO

Glasgow

MAR DEL NORTE

Peninos

Cumbria

Newcastle

Durham

Bahía de Robin Hood

IRLANDA DEL NORTE

Yorkshire

Burnley

Leeds

Grimsby

Isla de Man

Manchester

IRLANDA

MAR DE IRLANDA

Sheffield

INGLATERRA

GALES

Montes Cámbricos

Birmingham

Norwich

Anglia Oriental

PAÍSES BAJOS

CARDIFF

Río Támesis

Southend-on-Sea

BÉLGICA

Bahía de Rhossili

LONDRES

South Downs

Eurotúnel

Cornualles

CANAL DE LA MANCHA

Islas Sorlingas

Mousehole

FRANCIA

Islas Anglonormandas

Este mapa muestra todos los lugares que se citan en el libro.

5

# El paisaje

Gran Bretaña tiene muchos paisajes distintos. El norte de Inglaterra, Escocia y Gales tienen las montañas más altas. En el norte también hay muchos lagos y grandes páramos, o tierras altas y abiertas. Las ovejas pastan en los páramos.

## ¿Lo sabías?

Las rocas debajo de las praderas "**Downs**" son de creta y piedra caliza.

El castillo Eilean Donan se encuentra en la costa oeste de Escocia, cerca de la aldea de Dornie. Queda sobre una isla donde se encuentran tres lagos (o "lochs" en escocés).

Pastizales y flores crecen silvestres en South Downs.

La mayoría de las tierras que son mejores para el cultivo están en las suaves colinas de la parte media y sur de la isla. Las praderas cubren buena parte del extremo sur. La costa de Gran Bretaña va de acantilados rocosos y accidentados en el oeste a las amplias playas arenosas de Anglia Oriental.

La bahía de Robin Hood, que está en el noreste de Inglaterra, es famosa por los estanques de piedra de su playa.

# Clima y estaciones

Gran Bretaña tiene clima templado con veranos cálidos, y inviernos fríos. Escocia y el norte de Inglaterra tienen los inviernos más fríos. Nieva en las montañas y colinas.

Nieva más a menudo en tierras altas como las de estos páramos de North York en Yorkshire.

Ni la lluvia puede evitar que la gente visite la playa en verano en Southend-on-Sea en el sudeste de Inglaterra.

Las fuertes lluvias a veces pueden hacer que los ríos se desborden en invierno. Los meses cálidos del verano a veces traen **sequías**, aunque normalmente llueve todo el año.

El sur es la parte más soleada del país. En el sudoeste y las Islas Sorlingas, la cálida **corriente del Golfo** causa inviernos templados permitiendo que crezcan hasta plantas **subtropicales**.

### ¿Lo sabías?

El Distrito de Lagos de Cumbria, en el norte, es la parte más lluviosa de Inglaterra.

Los rayos de sol de verano bañan las doradas arenas de la bahía de Rhossili en Gales.

# La gente de Gran Bretaña

La gente ha vivido en Gran Bretaña por miles de años. La gente también se ha mudado ahí desde muchos otros lugares, como India, Pakistán, China, el Caribe y países africanos. Muchos grupos se han asentado en grandes ciudades como Londres, Birmingham y Manchester.

## ¿Lo sabías?

El Carnaval de Notting Hill en Londres celebra la cultura caribeña.

Esta tienda de alimentos en Burnley, en el norte de Inglaterra, está en un área con una gran comunidad asiática.

Aquí vemos dos símbolos de Escocia—el ganado de las tierras altas y la falda escocesa. Es una falda para hombres y parte del traje **tradicional** escocés.

El cristianismo es la religión principal en Gran Bretaña. La mayoría de los cristianos pertenecen a la Iglesia Protestante de Inglaterra o de Escocia, pero también hay muchos católicos romanos. De igual modo, existen grandes comunidades de musulmanes, **hindúes**, **sikhs** y judíos.

El inglés es el idioma principal aunque la gente tiene distintos **acentos** y **dialectos**. En Gran Bretaña también se habla galés, gaélico, punyabí, hindi y urdu.

# Escuela y familia

La vida familiar ha cambiado en la actualidad. Muchos niños viven ahora con el papá o la mamá o con familias adoptivas. Los familiares a veces viven muy lejos y sólo se reúnen en ocasiones especiales como bodas o funerales.

Estas familias urbanas encontraron una forma de divertirse en la "playa" ¡sin dejar la ciudad!

Los niños en sus uniformes escolares, cantan en la reunión de la mañana en una escuela primaria de Londres.

Los niños en general comienzan la escuela a los 5 años. Muchos comienzan antes o van a guarderías o los cuidan niñeras si los padres trabajan.

La escuela en general empieza a las 9:00 a.m. y termina a las 3:30 p.m. Los niños cuyos padres trabajan van a clubes de deportes y a otras actividades después de la escuela.

**¿Lo sabías?**

En partes de Gales, la escuela da las clases en galés.

# Vida rural

Sólo una de cada 10 personas en Gran Bretaña vive en el campo. Mucha gente vive en pueblos y ciudades porque ahí hay más trabajos.

Unas tres cuartas partes del campo de Gran Bretaña se cultivan. Algunos granjeros tienen tiendas donde venden alimentos hechos de los cultivos. Algunos permiten que la gente pasee por sus granjas y acaricie los animales. Las granjas también se usan para otras industrias como cerámica y tejidos.

Éste es un té tradicional con crema, o té de la tarde servido con bollos, crema y mermelada. Aquí se sirve en el jardín de un granjero.

Mousehole es una típica aldea de pescadores en Cornualles. Mucha gente tiene ahí casas de descanso.

La mayoría de la gente del campo vive en aldeas o pueblos "de mercado" que tienen una iglesia, tiendas pequeñas y un **pub** o bar. También compran en tiendas más grandes de las ciudades vecinas. Gente de la ciudad tiene casas de descanso en el campo.

### ¿Lo sabías?

La mayor parte de Gran Bretaña estuvo una vez cubierta por bosques y árboles.

# Vida urbana

La mayoría de la gente vive en pueblos o ciudades. Londres es la ciudad más grande de Gran Bretaña. Más de siete millones de personas viven ahí. Birmingham, Leeds y Glasgow son las ciudades que le siguen.

Quayside y Millennium Bridge son parte de los nuevos paseos de los muelles de Newcastle.

Muchas ciudades británicas como Durham y Norwich tienen catedrales, iglesias, castillos y casas antiguas. Algunas ciudades han **renovado** recientemente sus zonas antiguas, especialmente aquellas junto a ríos y **canales**.

Más de un millón de personas van a diario a Londres mediante un sistema de trenes subterráneos. Se le llama "el tubo" a este sistema.

## ¿Lo sabías?

Birmingham tiene más canales que Venecia, Italia.

El tráfico a menudo es un problema en las calles británicas. La mayoría de la gente en Londres y Glasgow viaja en trenes subterráneos. La gente en Birmingham, Manchester y Sheffield usa tranvías y autobuses.

# Casas británicas

Gran Bretaña tiene muchos tipos de casas. En el campo, hay muchas casas antiguas y cabañas hechas de piedra. Algunas casas tienen **techos de paja** o teja. Las casas nuevas en las orillas de los pueblos a menudo se construyen en esos estilos tradicionales.

Muchas de las cabañas de techo de paja en las aldeas británicas tienen más de 500 años.

Las casas británicas más grandes son históricas y majestuosas. Muchas ahora están abiertas al público como atracciones turísticas. Algunas ofrecen a los visitantes recorridos por sus jardines y casas de té.

Estas hileras de casas adosadas en Manchester se construyeron hace más de 100 años.

Glasgow se conoce por altos edificios de apartamentos como éste. En años recientes, se han construido algunos edificios de apartamentos más bajos para remplazar a muchos de los altos.

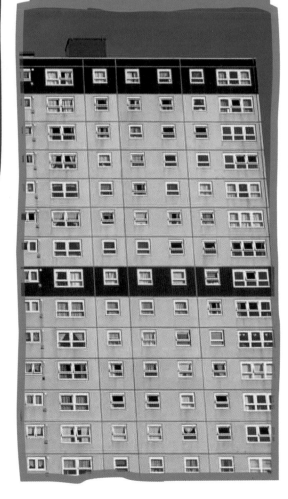

En las ciudades, mucha gente vive en apartamentos o hileras de casas adosadas. Todas se parecen y comparten las paredes entre ellas. Algunas son nuevas. Otras tienen más de 100 años.

# Comida británica

Mucha gente compra en supermercados. La mayoría de los pueblos y ciudades tienen plazas o mercados callejeros donde a diario la gente compra alimentos frescos.

Norwich, en Norfolk, ha tenido un mercado abierto durante unos 800 años.

Los platos británicos tradicionales incluyen rosbif con papas y verduras. Otro de los favoritos es el desayuno de tocino, huevos y tomates fritos.

## ¿Lo sabías?

La India fue gobernada por Gran Bretaña. Ahora la comida hindú es popular ahí.

Aquí venden quesos de la localidad en una feria del campo.

Algunos platos como el **pudín de Yorkshire** y las **empanadas de Cornualles** vienen de ciertas áreas, pero todos en Gran Bretaña los comen. Haggis, hecho de una mezcla de avena y cordero, es el plato nacional de Escocia. Los escoceses lo cocinan en el estómago del cordero. Gran Bretaña es famosa por sus quesos, como cheddar y Stilton.

El plato más popular es el picante curry hindú de carne o verduras. Pollo frito, hamburguesas y comida china e italiana también son de las más favoritas.

Pescado con papas fritas, servido en papel, es una comida tradicional para llevar.

# El trabajo

Las principales industrias británicas son las de fabricación de herramientas de maquinaria, alimentos procesados y ropa. Mucha gente trabaja en la aeronáutica y el ensamble de autos para empresas japonesas.

**Aquí preparan pescado en una fábrica de Grimsby en la costa del noreste.**

Este maestro de matemáticas ayuda a los estudiantes. La enseñanza es uno de los trabajos más populares en Gran Bretaña.

Las **industrias de servicio**, como la bancaria y la hotelera, han crecido rápidamente en la Gran Bretaña. Mucha gente trabaja en oficinas, tiendas, escuelas u hospitales.

Estos policías están de guardia en el Palacio de Buckingham, que es la casa de la reina en Londres.

# La diversión

Los deportes populares en Gran Bretaña son el ténis, fútbol, críquet y rugby. Durante la temporada muchos aficionados ven jugar a sus equipos. El último partido de la temporada es la Copa de la Asociación de Fútbol (FA).

## ¿Lo sabías?

Ver la televisión es la diversión favorita en Gran Bretaña.

Estos aficionados animan a su equipo de fútbol al competir en el juego de la Liga Premier escocesa.

Las pantomimas son obras navideñas con canciones y bailes basados en cuentos y personajes fantásticos.

Navidad y Pascua son fiestas cristianas importantes. Muchos las celebran yendo a la iglesia y reuniéndose en comidas especiales con sus familias. Otros celebran festivales hindúes como Holi y **Diwali**, o musulmanes como Eid al-Fitr.

Otros eventos, como ferias y festivales regionales, se llevan a cabo en todo el país durante los meses cálidos del verano.

La jardinería es muy popular en Gran Bretaña. Muchas personas van a la Exposición de Flores de Chelsea, que se lleva a cabo todos los años en Londres.

# Gran Bretaña: Datos

• Gran Bretaña, como parte del Reino Unido (R.U.), es miembro de la **Unión Europea**. La reina es la **jefe de estado**. El primer ministro dirige el gobierno.

• Gran Bretaña tiene 86 regiones llamadas condados y más de 600 distritos. Cada distrito elige a su propio **miembro del Parlamento** (MP).

La moneda británica es la libra. Las monedas y el papel moneda tienen la imagen de la reina.

La bandera del Reino Unido, llamada *Union Jack*, combina las cruces de los **santos patronos** de Inglaterra, Irlanda y Escocia.

## ¿Lo sabías?

Big Ben es el nombre de la campana dentro de la torre del reloj de las Cámaras del **Parlamento**.

El London Eye es una gigantesca rueda de la fortuna. Es un punto de referencia en el río Támesis.

• Unos 59 millones de personas viven en Gran Bretaña. Como parte del R.U., Gran Bretaña también tiene cierto número de tierras además de la isla misma. Incluye las Islas Anglonormandas, Bermuda (grupo de islas del océano Atlántico cerca de la costa de los E.U.A.) y Gibraltar (junto a la costa sur de España).

• La capital de Gran Bretaña, Londres, tiene muchos magníficos edificios antiguos, parques, museos y galerías de arte. Los nuevos puntos de referencia, como el Millennium Bridge y el London Eye, atraen a visitantes de todo el mundo.

# Glosario

**acentos** — diferentes formas de decir las palabras

**canales** — vías en el agua hechas para que barcos lleven mercancías

**corriente del Golfo** — corriente cálida en el océano Atlántico del Norte

**dialectos** — diferentes formas de hablar un idioma

**Diwali** — Festival hindú de las luces, celebrado a finales de octubre o principios de noviembre

**Downs** — áreas de tierra ondulada y con padreras, por lo general sin árboles

**empanadas de Cornualles** — tipo de empanada que viene de Cornualles. Están llenas de carne y verduras.

**hindúes** — gente que practica la religión hindú, adorando la divinidad en las formas de muchos dioses y diosas

**industrias de servicio** — negocios que sirven a la gente en contraste con negocios que producen objetos

**jefe de estado** — la persona que representa al país

**miembro del Parlamento** — alguien que es elegido por la gente en un distrito para representarla en el Parlamento

**Parlamento** — lugar en el que los representantes de la gente hacen las leyes

**pub** — lugar público donde se puede comprar bebidas alcohólicas

**pudín de Yorkshire** — plato hecho por primera vez en Yorkshire

**renovado** — edificios reconstruidos y tierras mejoradas

**santos patronos** — personas que se cree que representan a un país o persona en el cielo

**semi adosadas** — se refiere a un par de casas que se construyeron con una pared compartida entre ellas

**sequías** — largos períodos con poca o ninguna lluvia

**sikhs** — gente que sigue la religión sikh y adora a un dios

**subtropicales** — relacionado a la tierra cercana a los Trópicos y describe áreas que son húmedas y cálidas

**techos de paja** — hechos de paja u otra fibra vegetal seca

**tradicional** — describe las maneras y creencias que se han pasado a través de un grupo de personas por muchos años

**Unión Europea** — un grupo de países en Europa occidental que se han unido para compartir comercio, leyes y, si lo eligen, una sola moneda (el euro)

# Para más información

**British Government Page for Kids**
www.BritainUSA.com/4Kids

**Wild Life in Great Britain**
www.bbc.co.uk/nature/reallywild/features/holiday_guide/
  great_britain.shtml

**Time for Kids: Britain**
www.timeforkids.com/TFK/hh/goplaces/main/0,20344,604850,
00.html

**Nota del editor para educadores y padres:** Nuestros editores han revisado meticulosamente estos sitios Web para asegurarse de que son apropiados para niños. Sin embargo, muchos sitios Web cambian con frecuencia, y no podemos asegurar que el contenido futuro del sitio seguirá satisfaciendo nuestros estándares altos de calidad y valor educativo. Se le advierte que se debe supervisar estrechamente a los niños siempre que tengan acceso al Internet.

# Mi mapa de Gran Bretaña

Fotocopia o calca el mapa de la página 31. Después, escribe los nombres de los países, extensiones de agua, regiones, ciudades y zonas terrestres y montañas que se listan a continuación. (Mira el mapa de la página 5 si necesitas ayuda.) Después de escribir los nombres de todos los lugares, ¡colorea el mapa con crayones!

## Países
Escocia
Francia
Gales
Irlanda del Norte
Irlanda

## Extensiones de agua
canal de la Mancha
mar de Irlanda
mar del Norte
océano Atlántico
río Támesis

## Regiones
Anglia Oriental
bahía de Rhossili
Cambria
Cornualles
South Downs
Yorkshire

## Ciudades y Pueblos
bahía de Robin Hood
Birmingham
Burnley
Cardiff
Dornie
Durham
Edimburgo
Glasgow
Grimsby
Leeds
Londres
Manchester
Mousehole
Newcastle
Norwich
Sheffield
Southend-on-Sea

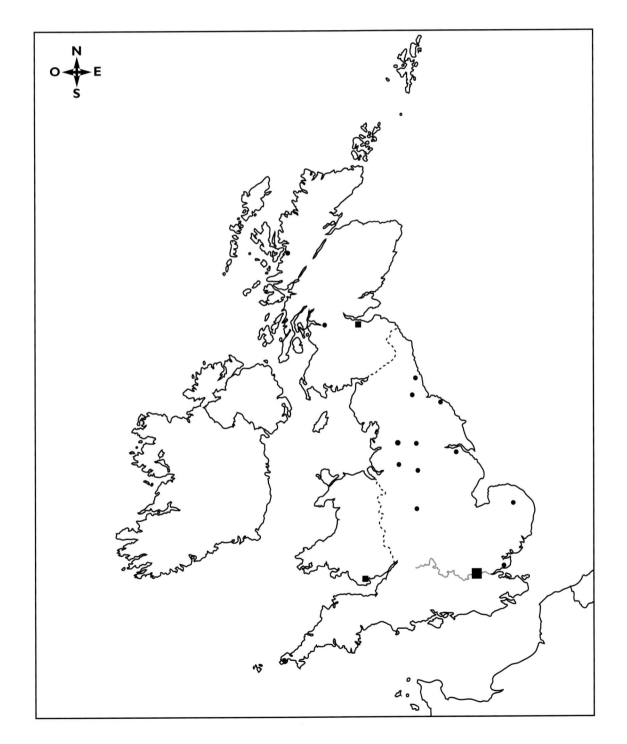

# Índice